MARTIN BOSSANGE

1766 — 1865

DEUX DÉCORATIONS. — NÉCROLOGIE. — UNE VISITE RUE DE TOURNON, par M. Jules Tardieu de S. G. — PORTRAIT, par M. Solvet. — LE CENTENAIRE, par M. Jules Janin.

PARIS

M DCCC LXV

MARTIN BOSSANGE

PARIS, IMPRIMERIE JOUAUST, RUE SAINT-HONORÉ, 338

MARTIN

BOSSANGE

1766 — 1865

DEUX DÉCORATIONS. — NÉCROLOGIE. — UNE VISITE RUE DE TOURNON, par M. JULES TARDIEU de S. G. — PORTRAIT, par M. SOLVET. — LE CENTENAIRE, par M. JULES JANIN.

PARIS

—

M DCCC LXV

DEUX DÉCORATIONS

Deux nouvelles nominations dans l'ordre de la Légion d'honneur sont d'un intérêt particulier pour la librairie. Toutes deux sont la récompense de longs et importants travaux.

L'une est accordée au doyen des imprimeurs libraires, qui dans quelques mois aura accompli sa CENTIÈME année. Nos jeunes confrères ne peuvent connaître que de nom ce vétéran de nos industries, qui, depuis longtemps éloigné des affaires et conservant encore toutes ses facultés dans un âge si avancé, a survécu seul à la génération de nos devanciers. Il n'est donc pas inutile d'emprunter à ses biographes quelques lignes qui retracent les principaux faits de sa carrière commerciale :

« Né à Bordeaux en février 1766, M. Martin Bossange vint s'établir à Paris en 1785. Il ne tarda pas à former des relations dans les diverses provinces, et, animé d'un esprit d'entreprise qui ne devait pas se démentir pendant les deux tiers d'un siècle, il ne put se contenter du marché de la France; alors que les moyens de transport étaient infiniment rares et difficiles, il parvint un des premiers à répandre les productions de la littérature française sur presque tous les points du globe. On peut dire de lui que partout où il y a eu une bibliothèque on a connu son nom (1).

« .... M. Bossange, d'un esprit essentiellement organisateur et d'une activité extraordinaire, redoubla d'énergie pour ouvrir des débouchés nouveaux et immenses au commerce dont il s'occupait. A cet effet, il fonda de grands établissements de librairie. Indépendamment de ses maisons de Saint-Domingue et de Londres, il en créa d'autres à Montréal, à Mexico, à Rio de Janeiro, à Madrid, à Naples, à Leipzig, etc. (2).

Nous pourrions dire encore que Martin Bossange fut chargé sous le premier empire de missions importantes et pres-

(1) Werdet, *De la Librairie française*. 1860.

(2) Quérard, *Quelques mots sur M. Bossange père*. 1863.

que diplomatiques, qu'il fit don à la Bibliothèque impériale des plus beaux livres imprimés sur vélin, et que la récompense qu'il reçoit aujourd'hui lui était promise ou du moins présagée en 1811, il y a plus d'un demi-siècle, par des rapports officiels conservés dans les archives.

La seconde nomination n'a pas besoin de commentaires pour les lecteurs auxquels nous nous adressons. Le savant bibliographe J. M. Quérard poursuit son œuvre sous nos yeux.

Il semble que pour faire valoir ses titres à la distinction qui lui est accordée, il n'y ait qu'à rappeler les titres mêmes de ses principaux ouvrages : la *France littéraire*, la *Littérature française contemporaine*, les *Auteurs déguisés de la littérature française*, les *Supercheries littéraires dévoilées*, le *Quérard*, *etc.*

En considérant l'ensemble de ses travaux, on peut dire que M. J. Quérard, encore dans la force de l'âge, a accompli l'œuvre d'un *centenaire*.

J. T.

(*Bibliographie de la France*, 26 août 1865.)

NÉCROLOGIE

M. Martin Bossange, le doyen d'âge des imprimeurs et libraires de Paris, vient de s'éteindre, sans souffrances, dans le cours de sa centième année presque écoulée, en conservant jusqu'à son dernier jour sa haute intelligence et toutes ses facultés.

A propos de la décoration de la Légion d'honneur qui lui a été conférée tout récemment par l'Empereur, nous avons rappelé, dans cette chronique, les services que M. Martin Bossange a rendus à notre commerce par son esprit inventif et entreprenant, en ouvrant pour la première fois à la librairie française d'immenses débouchés sur les points les plus éloignés du globe.

Il fut un de ceux qui comprirent le mieux le parti que la librairie pouvait tirer, sous l'Empire, du décret concernant les *Licences*. Les livres exportés en vertu de cette combinaison ne trouvaient pas toujours, à cette époque, un port hospitalier. Beaucoup de caisses furent jetées à la mer, ce qui faisait dire que c'étaient des livres *ad usum delphinorum;* mais les bénéfices espérés sur l'importation des denrées coloniales en retour, devaient offrir une large compensation.

Grâce à l'initiative entreprenante de M. Martin Bossange, les magasins de l'ancienne librairie furent subitement désencombrés par cette étrange combinaison; et la librairie, délivrée de ses produits surannés, prit dès lors un nouvel essor et un grand développement.

Le nom de notre vénérable doyen est perpétué parmi nous par M. Hector Bossange, son fils, et par M. Gustave Bossange, son petit-fils, membre du Conseil de notre Cercle.

J. T.

(*Bibliographie de la France*, 28 octobre 1865.)

UNE VISITE

RUE DE TOURNON

L'aimable vieillard dont M. Jules Janin vient de tracer, dans une de ses meilleures pages, un portrait si ressemblant, si vivant, tout plein de jeunesse et de grâce, M. Martin Bossange, avait toujours été attiré par le prestige du talent et de la célébrité. Il aimait à vivre dans l'intimité des hommes illustres et des hommes d'esprit : Mirabeau, Barnave, Beaumarchais,

Le Brun, Delille, Chénier, Talleyrand, Chateaubriand, Béranger, Jacques Laffitte, dont il était l'intime confident, et tant d'autres personnages célèbres. Il en avait gardé le souvenir très-présent, il les faisait revivre dans ses entretiens.

Malgré son grand âge, il venait encore, comme un jeune homme, me visiter dans ma rue de Tournon. Il était attiré et retenu dans le quartier du Luxembourg par tous les souvenirs que ce voisinage lui rappelait. Lors de sa dernière visite, je le trouvai plus communicatif et plus jeune encore. « Je suis ici presque chez moi, me disait-il. Cet hôtel splendide que vous voyez de vos fenêtres, l'*hôtel Brancas*, était à moi avant d'appartenir à Renouard. Je l'avais acheté un soir, entre deux parties d'écarté, en même temps que le *Dictionnaire de l'Académie*, qui était une grosse affaire; c'est sous les grands arbres de ce jardin que mes enfants se livraient à leurs jeux; là, j'ai reçu les princes de la terre, et bien plus, les princes de la pensée. »

A mesure qu'il parlait, son récit devenait plus animé; il faisait si bien revivre le temps passé qu'il était lui-même dans l'illusion; le splendide hôtel était encore à lui; on ne l'aurait peut-être pas surpris en lui annonçant que M. de Fontanes l'attendait au salon.

« Si j'écrivais mes mémoires, ajoutait-il, il y aurait des pages amusantes, des révélations inattendues; mais je livre ma parole à tous les vents; les curieux n'ont qu'à la saisir au passage. »

C'était presque une provocation; je ne négligeai pas, comme on pense, une telle occasion de faire causer un narrateur si bien informé; j'y avais le double intérêt d'apprendre quelque chose et d'entendre plus longtemps un séduisant conteur.

« Vous avez connu Beaumarchais ? lui demandai-je.

— Si je l'ai connu? Je l'ai suivi comme son ombre. Il faisait tous les métiers. Il a été horloger, maître de musique à la cour, plaideur célèbre, homme de lettres plus célèbre, fournisseur d'armes de guerre; il mêlait tout : affaires de cour, de palais, de coulisses, de commerce; mais, je l'ai appris à mes dépens, il se trompait quelquefois, et, s'il avait l'esprit des affaires, il n'avait pas toujours celui de faire de bonnes affaires.

— Comment! lui dis-je (pour parler de ce que je croyais connaître), et ce Voltaire de Kehl qu'il a tant de fois réimprimé, n'était-ce pas là une magnifique affaire?

— Oui, parlons-en, reprit le doyen des

libraires. Vous vous adressez à celui qui a été chargé de la vente des huit éditions. Il y en avait quatre dans le format in-8° et quatre dans le format in-12, sans compter les exemplaires en papier supérieur que Beaumarchais avait libéralement distribués. Quant à la correspondance générale, il avait eu soin d'en imprimer dix mille exemplaires en plus, nombre qu'il jugeait à peine suffisant pour compléter les premières éditions.

« Au théâtre, comme dans ses entreprises littéraires, Beaumarchais devançait son temps. En France, on ne lisait pas alors comme aujourd'hui, le public lettré était restreint; les succès se formaient dans les salons et non de par le monde. C'est depuis cinquante ans qu'on a appris à lire.

« Donc, malgré mes efforts et mes relations, la plus grande partie des éditions et la volumineuse correspondance restèrent invendues. Le tout fut empilé dans la vieille église des Mathurins-Saint-Jacques, qui plus tard devint un théâtre. Les ballots en gémissaient ; Voltaire était là, comme un diable dans un bénitier.

« Beaumarchais, toujours impatient, mesurait de l'œil ces montagnes de livres qui touchaient presque jusqu'aux voûtes de l'église. Pour en finir, il m'ordonna un beau jour de conserver seulement la Correspondance avec Catherine et le roi de Prusse, et de vendre le reste comme *vieux papier pour faire aller le pot-au-feu*.

« Je ne pus me résigner à consommer ce sacrifice ; et, longtemps après, la concession des licences me permit d'expédier outre-mer une partie de ces livres, qui, après tout, n'eurent guère un meilleur sort que s'ils avaient été livrés aux flammes, comme j'en avais reçu l'ordre.

« Tel fut le résultat définitif de cette fameuse entreprise de Beaumarchais; mais il y avait dans sa personne et dans son esprit tant de séduction, que je l'admirais dans ses désastres comme dans ses triomphes.

« J'ai été le compagnon de sa vie, et presque le témoin de sa mort. Comme il laissait voir depuis longtemps une grande fatigue de l'existence, des biographes ont supposé qu'il pouvait avoir mis fin à ses jours; c'est là une erreur, et je vous en donnerais la preuve si je ne craignais de vous faire perdre votre temps. »

Mais s'il ne se lassait pas de parler, j'étais aussi empressé de l'entendre; je tenais à connaître la fin de son récit, et il céda de bonne grâce à mes instances.

« Écoutez-moi donc, continua-t-il. C'était en 1799; Beaumarchais avait alors soixante-sept ans. Il aimait beaucoup à jouer aux dames, parce que c'est encore une bataille ; il tenait surtout à jouer avec moi, parce qu'il me gagnait toujours. Pour moi, je trouvais aussi du plaisir à lui procurer ce facile triomphe. Il avait recommandé à son valet de chambre Antoine de venir le coucher à dix heures, car il avait le lendemain matin un rendez-vous au Directoire. Il s'agissait d'obtenir le payement des fusils qu'il avait fournis pour la guerre d'Amérique : Beaumarchais vendait de tout.

« Il avait gagné la première partie, selon son habitude, et était en belle humeur ; au moment où nous commencions la seconde partie (il était dix heures), Antoine se présente pour coucher son maître ; Beaumarchais veut résister ; mais le vieux serviteur, usant d'une autorité qu'il avait conquise par ses longs services, renverse le damier sans ajouter une seule parole. Mon adversaire se laisse entraîner comme un enfant boudeur. Son valet le déshabille et le couche sur le côté droit, parce qu'il avait une maladie du cœur.

« Beaumarchais, l'heureux homme comblé des faveurs de la fortune et de la renommée, m'avait dit souvent : « *Que je* « *serais heureux si je ne me réveillais* « *pas demain!* » Ce triste vœu était sur le point de s'accomplir.

« Le lendemain, à six heures, Antoine frappe à la porte de son maître, comme c'était convenu; il ne reçoit aucune réponse, se décide à entrer; il trouve son maître dans la position même où il l'a placé la veille, et suppose qu'il est encore endormi. Beaumarchais était mort. »

Il y avait plus de soixante ans que ces

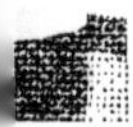

faits s'étaient accomplis lorsque ce témoin d'un autre siècle me les racontait comme l'histoire d'hier, avec tant de clarté qu'il m'a été facile de les reproduire sans altération sensible.

JULES TARDIEU DE S. G.

PORTRAIT

J'aime un petit vieillard qui sur sa tête illustre
Porte facilement son dix-neuvième lustre ;
Dont l'oreille est au guet, le pied bon, l'œil ouvert ;
Qui sous ses cheveux blancs cache un cœur encor vert.
Il est ardent et vif, il est prudent et sage,
Et joint à la raison la force et le courage :
Grave avec les docteurs, joyeux avec les fous,
l charme tous les cœurs et plaît à tous les goûts ;
Ainsi que l'oranger, il suspend à sa branche
Le fruit vert, le fruit rouge et la fleur toute blanche.
Ses plus beaux fruits sont ceux de l'arrière-saison ;
Car les ans ont mûri sa bonté, sa raison.
On le recherche, on l'aime, on le choie, on l'écoute ;
Et si sa caravane aux buissons de la route,

2

Aux cailloux du chemin, aux ronces du sentier
Laissa quelques débris, son esprit tout entier
Sans trouble et sans fatigue a parcouru l'espace :
C'est l'homme juste et fort, l'*impavidum* d'Horace.
Il a vu sans pâlir *trois révolutions,*
Et, loin de succomber à ces émotions,
C'est lui de nos terreurs qui calmait la panique,
Quand Lagrange sur nous lançait sa république.
De l'autre siècle il a connu les sommités ;
Il nous dit leurs grandeurs et leurs infirmités.
Il a vu BEAUMARCHAIS, il a connu BARNAVE ;
MIRABEAU chez Lejay (1), qui le tint pour un brave,
Et le prince LEBRUN, dont il eut l'amitié,
L'ont aux secrets d'alors souvent initié.
Les princes et les rois de la littérature
Ont été ses clients ; et pas une aventure
Politique ou galante où son œil n'ait plongé.
De tous ces souvenirs il est resté chargé ;
Il n'a rien oublié ; sa splendide mémoire
Est un recueil immense, un vaste répertoire,
Un *Keepsake* amusant, qu'il aime à parcourir
Devant les jeunes gens attentifs à l'ouïr.
De sa bibliothèque il est le plus beau livre.
Ah ! quand on vit ainsi, c'est un bonheur de vivre !

(1) Libraire en 1790, place du Carrousel.

Aussi sa vie est-elle un précieux trésor
Où vont tous ses amis puiser la perle et l'or;
Car il n'a rien à lui : libraire, ses volumes,
Et, jardinier, ses fleurs, ses fruits et ses légumes,
Tout est à ses amis; son esprit généreux
Inscrit sur son blason : *Rien pour moi, tout pour eux!*
Malgré quelque insuccès et quelque ingratitude,
Il fait toujours le bien, c'est sa vieille habitude;
Il entoure surtout de ses soins obligeants
L'enfance qu'il attire, et puis les jeunes gens.
Car il n'est pas toujours, comme ceux de son âge,
A regretter le temps qui fuit sur son passage,
A croire tout perdu si l'on marche sans lui,
A célébrer hier au mépris d'aujourd'hui,
A blâmer ce qu'on fait; à crier, à médire :
Au contraire, il chérit le petit mot pour rire;
Il voit sans sourciller de mauvais jeux de mots
Couper effrontément le fil de ses propos;
Il sourit et reprend; car sa grande indulgence
Sait bien que la folie éloigne toute offense.
Si quelque gros compère, au fort diapason,
De ses *ut* de poitrine assourdit la maison,
Et de la causerie à lui seul prend la place...
Le bon nonagénaire et se tait et s'efface;
Et si quelque bon mot par hasard vient bondir,
Sans rancune, aussitôt, notre ami d'applaudir.
Il est affable et bon; il est... Je vous le livre

Pour l'homme connaissant le mieux son savoir-vivre.
Et voyez-le surtout auprès de la beauté :
Papillon voltigeant par l'amour emporté,
Il tournoie avec grâce et folâtre autour d'elle ;
Mais le fripon jamais n'y brûlera son aile.
Il sait qu'il a vu fuir la saison des amours ;
Mais, s'il les fait revivre en ses heureux discours,
Jamais au moins, jamais il ne sort de sa bouche
Un mot dont la beauté s'étonne ou s'effarouche :
Dans sa galanterie il est toujours discret !
Vous qui pouvez vieillir, apprenez son secret...
Je n'ai pas dit le nom de ce vieillard étrange :
Chacun l'a reconnu, c'est bien Martin BOSSANGE.

J.-B.-R. SOLVET.

LE CENTENAIRE

Nous avons beaucoup connu, nous aimions de tout notre cœur un petit vieillard si léger, si leste et si charmant!... Il est mort il y a trois jours, à cent ans moins six semaines, et, bel et bien, il ne voulait pas mourir. — Non, disait-il, il me faut mon compte, il me faut tout mon siècle, et j'y tiens, c'est mon droit; mes amis, mes enfants, les enfants de mes petits-enfants sont invités à ma fête séculaire, et je ne saurais l'avancer d'un seul jour. Voilà pourquoi il s'obstinait à ne pas mourir. La mort, qui lui fut douce autant que la vie, y mit une patience exemplaire, une complaisance inaccoutumée. Elle attendit que ce petit vieillard se calmât, et, sans violence, et se mêlant à des éphèbes de son choix, elle finit enfin par lui faire entendre raison. C'est dommage qu'il soit mort avec tant de hâte, sinon pour lui, du moins pour nous. On aime à se vanter d'avoir entendu rire et chanter un centenaire. Or celui-là n'avait pas son égal. Ce n'était pas du sang qui courait dans ses veines, c'était du vif-argent. Ses deux grands yeux brillaient d'un éclat surnaturel; sa tête, élégante et mignonne, disparaissait sous ses épais cheveux blancs. Un enfant de quinze ans l'eût porté dans ses bras sans fatigue; un Athénien l'eût pris pour le sage Nestor, au livre II de l'*Iliade*, quand un songe emprunte les traits du roi de Pylos. Chaque fois qu'il s'élançait dans l'omnibus qui marchait : « Messieurs et mesdames, disait-il, je vous présente un jeune vieillard de quatre-vingt-seize (ou dix-sept ou dix-huit) ans. » Dieu sait si chacun le regardait avec admiration, et puis, tout d'un coup, le voilà qui s'était assis à côté de la plus belle voyageuse, et qui causait avec elle avec l'élégance et la grâce attique d'un hanteur de Versailles ou de Trianon. Il aimait qu'on l'écoutât; il était heureux de produire un grand effet sur les âmes et sur les esprits d'alentour. Il ne savait rien de plus beau, de plus rare et de plus charmant qu'une honnête jeune femme bien vêtue ; il cultivait les plus belles roses, à l'exemple d'Anacréon, son maître. Il disait comme lui :

> Du printemps la rose est l'honneur,
> La rose est des fleurs la plus belle,
> Et des cieux la cour immortelle
> S'enivre de sa douce odeur (1).

Ce vieillard charmant, qui s'enivrait de sa propre vieillesse et qui s'en glorifiait, pendant que tant d'autres déshonorent leurs cheveux blancs par l'artifice et cachent des rides, peut-être respectables, n'était rien moins que le maître et le doyen des libraires de l'Europe. Il s'appelait Martin Bossange; il naquit à Bordeaux, et, par une innocente tricherie, il se vantait d'être né en 1765. Il avait un an de moins qu'il ne le disait. Il avait l'âge qu'auraient aujourd'hui ses compatriotes fameux : Gensonné, Barbaroux, le grand Vergniaud. Que de fois il les a

(1) *Anacréon*, de la traduction de M. J.-B. de Saint-Victor.

saluées de l'âme et du cœur, prenant sa part, lui si frêle et si petit, de ces grandeurs compatriotes ! Comme il a pleuré, le jour funèbre où sont tombées ces têtes généreuses ! Il vint à Paris à l'heure pleine d'espérance, assez à temps pour saluer l'aurore des libertés naissantes. En ce temps-là se mourait l'*Encyclopédie* et commençait Mirabeau. Le premier Panckoucke était une autorité; le libraire de Voltaire, Marc-Michel Rey, de Hollande, était une puissance. Il y avait dans Paris même, au Palais-Royal, une librairie où se rencontraient chaque jour, dans le tumulte et dans le bruit de tant de forces qui déjà s'entre-choquaient, ces esprits tout remplis de l'ardeur naissante, à savoir : Camille Desmoulins, Rivarol, Beaumarchais. Dans cette librairie de Mme Lejay, dont Mirabeau était l'oracle, le jeune Bossange rencontra le plus hardi, le plus habile et le plus illustre (incontestablement) de tous les hommes qui ont eu l'honneur de mettre en relief les plus belles œuvres de l'esprit humain. Ce libraire incomparable et voisin du génie, esprit superbe et d'une inépuisable fécondité, très-sage et très-hardi tout ensemble, était la prudence en personne avec tous les caractères de la témérité. Il s'appelait Caron de Beaumarchais. A peine Voltaire était mort, il avait réuni toutes ses œuvres dans un immortel monceau, représentation fabuleuse de tout ce que l'ironie et le bel esprit ont jamais produit de plus charmant, de plus terrible; sur les limites du monde obéissant à la loi féodale, à la Bastille, aux lettres de cachet, au bon plaisir, Beaumarchais, le nouveau libraire, avait juré de dresser à Voltaire *un monument plus durable que l'airain.* Déjà même il tenait parole, et, comme il cherchait un collaborateur à cette entreprise illustre, il choisit le jeune Bossange, et celui-ci, pendant que le maître était occupé de l'ensemble, acceptait toutes les peines du détail. Ce *Voltaire de Kehl,* battu de tous les vents et traversant une révolution si terrible, a fini par triompher de l'obstacle. On l'a refait plus d'une fois, de nouveaux éditeurs se sont rencontrés qui ont dépensé à ce labeur beaucoup de science et de goût; à tout prendre, ils n'ont pas mieux fait que le Voltaire de Beaumarchais.

La librairie fut de tout temps chez nous une profession honorable entre toutes.

Ceux qui connaissent les livres et qui les aiment n'ont pas grand'peine à se figurer les libraires de nos grands jours comme autant de magistrats qui se seraient crus déshonorés s'ils avaient publié des livres contrairement à leur opi-

nion, c'est-à-dire à la justice. On en citerait beaucoup qui ont payé de leur fortune et de leur liberté les services qu'ils rendaient à leurs croyances. Il en est qui sont morts sur le bûcher, Estienne Dolet, par exemple : — « Et l'émeute étant apaisée, on pendit un pauvre malheureux petit libraire, pour contenter messieurs du Châtelet, *pauperculus librarius occisus est.* » Ceci est écrit en bon latin dans l'*Histoire de France* de M. le président de Thou.

Le jeune Bossange était né royaliste. Il était resté, par reconnaissance et par instinct, du côté du grand règne où les libraires, glorifiés par leur tâche même, avaient rencontré tant de chefs-d'œuvre à mettre au jour. Il commença par une excellente édition des *Lettres de Mme de Sévigné*, reproduites pour la première fois dans un ordre qui n'était pas encore le meilleur, mais qui déjà annonçait les éditions à venir, jusqu'à M. de Monmerqué, jusqu'à son digne héritier M. de Sacy, amoureux légitime de toutes les belles immortelles. En même temps M. Bossange publiait la cinquième édition du *Dictionnaire de l'Académie française,* et voyez s'il choisissait bien son temps, vingt-quatre heures avant *le Père Duchesne* et *le Vieux Cordelier!* La librairie a de ces ironies... Mais, Dieu soit loué, le *Dictionnaire de l'Académie,* aussitôt que tout recommença, reprit sa course, et les deux codes réparés, celui du beau langage et celui des lois clémentes, marchèrent de compagnie, au grand honneur du peuple français.

Dans ces journées où tout recommence, où tout s'apaise, où l'ancienne bonté de cette nation se montre, à l'heure où s'effaçaient toutes les impiétés de l'exil, le jeune Bossange eut l'honneur d'être choisi par M. de Talleyrand pour accomplir une telle mission, que nous ne savons pas d'ambassade préférable à celle-là dans toutes les histoires de l'Europe. Il s'agissait de ramener dans sa patrie, où sa place était marquée, où son absence était comptée et laissait un plus grand vide que les plus vieux noms du monde écroulé, un poëte ingénieux, timide, excellent, tout français, le dernier poëte qui eût consolé cette nation au désespoir, l'abbé Delille. Il avait eu le grand art, chez nous, de bien décrire et de bien raconter. On l'avait aimé d'abord pour son esprit, on avait fini par l'honorer pour son courage après ses stances éloquentes :

> Tremblez, tyrans, vous êtes immortels !

Et vous, les honnêtes gens, les persécutés, les malheureux, les orphelins, les déshérités d'ici-bas :

> Consolez-vous, vous êtes immortels!

Quand on a fait ces beaux vers, on peut mourir. L'abbé Delille avait eu grand'peine à s'enfuir de l'échafaud. Il fit dans Londres même une entrée solennelle. Il n'y trouva que des amis, des enthousiastes, des lecteurs. A peine on savait le nom de M. de Chateaubriand, le nom de l'abbé Delille était célèbre; et comme il se voyait entouré des anciens témoins de sa vie heureuse, il s'était habitué, l'ingrat! à son exil.

Mais M. de Talleyrand, qui savait que l'absence de son poëte est presque un déshonneur pour son peuple ainsi diminué, ne voulut pas que l'Angleterre accaparât plus longtemps ce nouveau Saint-Evremond; et comme il se souvenait que

M. de Saint-Evremond avait renvoyé à Louis XIV l'ordre qui mettait fin à son exil, M. de Talleyrand donna si bien ses instructions à son ambassadeur extraordinaire, il lui dit tant et tant comment il fallait s'y prendre afin de ranimer dans le cœur du poëte endormi l'accent vrai de la patrie et les regrets ineffables de Paris absent pour toujours, qu'à la fin on vit revenir celui-ci tenant celui-là par la main, le jeune libraire et le poëte émérite. Or, vous n'eussiez accompli que cela dans toute cette longue vie, ô mon père Bossange! que vous ne seriez pas mort comme un homme vulgaire et sans un éloge mérité.

Encore une fois, qu'il était charmant, ce témoin de si longues années! quel spectacle agréable et consolant, cette intelligence de si vieille date animant de tous les pétillements de la vie une si longue existence! A son aspect s'inclinaient les vieillards, qu'il appelait ses fils; les jeunes gens le saluaient, étonnés d'abord et bien vite accoutumés à ce miracle. Sa longue mémoire allait, primesautière, à toute chose. Il racontait comme un témoin oculaire ces images, ces beautés, ces grandeurs, ces splendeurs. Il avait contemplé sur son trône et dans sa majesté, il avait salué, les yeux pleins de larmes, dans son tombereau, la reine de France. Il était encore ébloui du vertige et des grands yeux de Mme de Staël. Quand il parlait de Chateaubriand, on eût dit un fils évoquant l'ombre auguste de son père. Il avait vu tomber et se relever la Sorbonne; il avait vu se fermer et se rouvrir l'Académie; il entendait encore à ses oreilles charmées la voix du jeune Villemain, la voix de M. de La Romiguière, et le général Foy proclamant, avec la vaillance d'un soldat, les grands principes de la Charte. Ah! quelle joie et quel intime frémissement à l'entendre, et comme on se pressait autour de ce charmant vieillard pour ne point perdre une seule de ses chères paroles! Ce qui ajoutait même à son autorité sur les esprits, c'est que, dans cette étonnante vie, il n'a pas rencontré la plus simple récompense. Ami des rois, libraire des rois, consolation d'une princesse prisonnière, il n'était même pas chevalier de la Légion d'honneur. *Animula vagula, blandula!* (1) Pendant que tant de malheureux traînent sur le bord de leur tombeau des serments plus nombreux même que leurs années, il se trouve, en fin de compte, que Martin Bossange n'a pas prêté de serment.

(1) Cette récompense a été si tardive que ses meilleurs amis l'ignoraient. (*Note de l'éditeur.*)

Moins il tenait à la récompense et plus il tenait à la gloire. Il mettait l'honneur avant le signe, et tout mignon que le voilà, dans son linge blanc de tous les jours, en bas de soie, en souliers vernis, la boucle au soulier, notre père Bossange s'inquiétait de son oraison funèbre, et, le dirai-je? il m'en avait spécialement chargé. L'an passé encore, un jour d'été, j'étais tout brisé par la goutte, et de nous deux pas un ne se fût trompé en disant de moi : Voilà le vieillard!... Il me trouva dans mon petit jardin. Je fus très-heureux de le voir ; il me sembla non moins léger que d'habitude. Eh! le brave homme! il était venu en carrosse; il n'était pas seul, et sa gouvernante l'accompagnait. Cependant la brave femme avait soin de se cacher pour ne pas compromettre la coquetterie de son jeune maître.

« Bon, me dit-il, vous voilà! Je vous trouve un peu changé. A votre âge, on porte difficilement une peine, et le chagrin vieillit. Quant à moi, je vais bien, je ne me suis jamais mieux porté, et je viens vous inviter à dîner pour le jour de mon anniversaire. »

En effet, il était tout joyeux. Il comptait sur sa centième année, et la veille même un sien ami, qu'il aimait comme un père aime son fils, le digne chef de cette maison Pereire où tant de bonhomie est restée, en dépit de tant de fortune : — « *Mon père*, avait dit Émile Pereire à cet aimable hôte de sa maison, puisque aussi bien dans un an vous aurez votre siècle accompli et complété votre couronne, eh bien, vous serez traité comme un roi. Au 1er décembre de la présente année 1865, vous aurez l'hôtel du Louvre en entier illuminé et chauffé du haut en bas. J'y fais dresser dans le grand salon une table de cent couverts, que vous présiderez, et c'est vous qui ferez les cent invitations, trop heureux si vous me faites l'honneur de m'inviter. Ce jour-là, mon ami, tout le Paris intelligent vous servira de cortége. A vos côtés seront assis vos enfants, vos petits-enfants et vos arrière-enfants parmi les écrivains qui ont appris votre nom dès le berceau. Je veux qu'on fasse à votre repas un grand concert, où vous entendrez vos anciens génies : Sacchini, Glück et Mozart. Les poëtes vous feront des sonnets; les plus belles voix chanteront vos louanges; les fronts les plus doux se pencheront sur vos lèvres, et vous emporterez les plus belles fleurs dans vos mains reconnaissantes. »

Telle était cette invitation digne des féeries. Le père Bossange y comptait comme il comptait sur l'immortalité de l'âme. Hélas! invitations inutiles, espérance évanouie! Il s'en est fallu de si peu de jours que ce doux vieillard, entouré de toutes les majestés de la vieillesse, ne vît entrer dans ces salons pleins de lumières, à sept heures du soir, l'heure authentique de sa naissance, le majordome du Louvre avec cette parole pleine de récompense : *Monsieur le centenaire est servi!*

JULES JANIN.

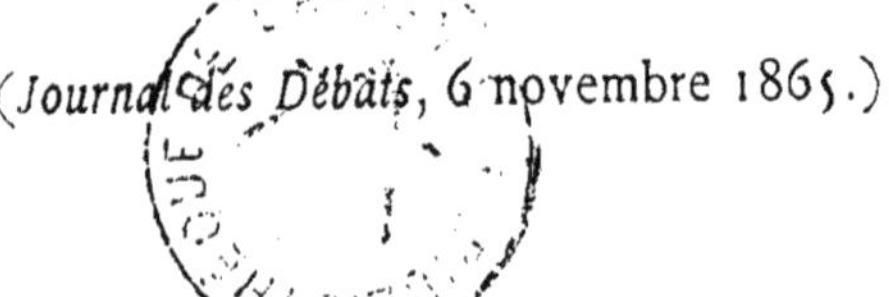

(*Journal des Débats*, 6 novembre 1865.)

FIN

TABLE

Paris, imprimerie Jouaust, rue Saint-Honoré, 338.

www.ingramcontent.com/pod-product-compliance
Ingram Content Group UK Ltd.
Pitfield, Milton Keynes, MK11 3LW, UK
UKHW021950260726
13994UKWH00004B/1644

9 782329 451138